BEI GRIN MACHT SICH IHR WISSEN BEZAHLT

AF145597

- Wir veröffentlichen Ihre Hausarbeit,
  Bachelor- und Masterarbeit

- Ihr eigenes eBook und Buch -
  weltweit in allen wichtigen Shops

- Verdienen Sie an jedem Verkauf

Jetzt bei www.GRIN.com hochladen und kostenlos publizieren

Bibliografische Information der Deutschen Nationalbibliothek:

Die Deutsche Bibliothek verzeichnet diese Publikation in der Deutschen National-
bibliografie; detaillierte bibliografische Daten sind im Internet über http://dnb.d-
nb.de/ abrufbar.

Impressum:

Copyright © 2013 GRIN Verlag, Open Publishing GmbH
Druck und Bindung: Books on Demand GmbH, Norderstedt Germany
ISBN: 978-3-668-07498-9

Dieses Buch bei GRIN:

http://www.grin.com/de/e-book/289174/kredit-und-mezzanine-finanzierung-
moeglichkeiten-zur-kapitalbeschaffung

Jakob Schelenberg

Kredit- und Mezzanine-Finanzierung. Möglichkeiten zur Kapitalbeschaffung für Jungunternehmer

GRIN Verlag

Kredit- und Mezzanine-Finanzierung

Möglichkeiten zur Kapitalbeschaffung für Jungunternehmer

Jakob Schelenberg

Inhaltsverzeichnis

Abkürzungsverzeichnis

BA	Business Angel
Bafin	Bundesanstalt für Finanzdienstleistungsaufsicht
BRD	Bundesrepublik Deutschland
BVK	Bundesverband Deutscher Kapitalbeteiligungsgesellschaften e.V.
CB	Company Builder
EU	Europäische Union
EK	Eigenkapital
FK	Fremdkapital
i.d.R.	In der Regel
IPO	Initial Public Offering
KMU	Klein- und mittelständische Unternehmen
MBG	Mittelständische Beteiligungsgesellschaft
o.g.	Oben genannte
VC	Venture Capital

1 Einleitung

Die finanzielle Absicherung und Kapitalbeschaffung ist eine der wesentlichsten Aufgaben des Jungunternehmers. Eine optimale Finanzierung bildet die Basis für den erfolgreichen Aufbau des Unternehmens.[1] Im Wesentlichen lassen sich die Finanzierungsmöglichkeiten in die Innen- und Außenfinanzierung einteilen.

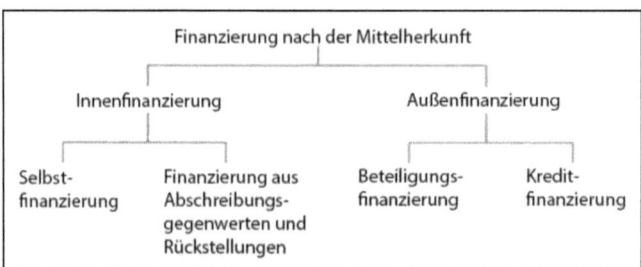

Abbildung 1: Finanzierungsmöglichkeiten nach der Mittelherkunft[2]

Laut dem Phasenmodell der Finanzierung fallen in der Frühphase der Unternehmensentwicklung regelmäßige operative Verluste an, sodass eine Innenfinanzierung, also die Finanzierung durch Thesaurierung erwirtschafteter Gewinne, ausgeschlossen ist. Schlussfolgernd ergibt sich ein hoher Bedarf an Außenfinanzierung. Im Rahmen der Außenfinanzierung können Gründungs-, Aufbau- und Wachstumsinvestitionen mit Beteiligungskapital finanziert werden (Beteiligungsfinanzierung), ferner komplettiert die Kreditfinanzierung das Spektrum der möglichen Wege zur Kapitalbeschaffung. Dabei ist die Beteiligungsfinanzierung von besonderer Relevanz, da sie als Bestandteil des Eigenkapitals eine Haftungsfunktion erfüllt.[3] Es ist zu beachten, dass die Möglichkeit der Fremdkapitalausstattung durch Banken von einer ausreichenden Finanzierung mit Eigenkapital abhängig ist.[4] Weiterhin stellt die Mezzanine-Finanzierung eine Mischform zwischen Eigen- und Fremdkapital dar.

Die Finanzierungsarten Eigen- und Fremdkapital können anhand der mit einem Finanzierungstitel verbundenen Rechten und Pflichten, welche mit der Bereitstellung des Kapitals verknüpft sind, typologisiert werden.[5] Abbildung 2 zeigt die wesentlichen idealtypischen Unterscheidungen von EK und FK.

---

[1] vgl. Komenda 2008, S. 1
[2] Quelle: Engelmann 2000, S. 18
[3] vgl. Engelmann 2000, S. 18f.
[4] vgl. Stiller 2013a
[5] vgl. Steiner 2012, S. 454

	Eigenkapital	Fremdkapital
Erfolgsanspruch	Variabler Anspruch	Fester Anspruch
Vermögensanspruch	Quotaler Anspruch, sofern der Liquidationserlös die Schulden übersteigt	Vorrangiger Rückzahlungsanspruch
Haftung	Mindestens in Höhe der Einlage	Keine Haftung
Verfügbarkeit	In der Regel unbefristet	Befristet
Leistungsbefugnis	In der Regel zur Unternehmensleitung berechtigt	Keine Leitungsbefugnisse

Abbildung 2: Unterschiede Eigen- und Fremdkapital[6]

2 Kreditfinanzierung

Die Kreditfinanzierung basiert grundsätzlich auf der Aufnahme von Krediten und somit auf einen Bereich der Fremdfinanzierung.[7] In Deutschland ist sie insbesondere bei der Wachstumsfinanzierung weit verbreitet. Jungen Unternehmen fällt es trotzdem schwer Fremdkapital von Kreditinstituten zu erhalten. Dies resultiert meistens aus einer zu geringen Eigenkapitalausstattung und eines erheblichen Risikos des Vorhabens. Demzufolge gewähren Banken, gerade in der Frühphase der Unternehmensentwicklung, Kredite nur gegen Sicherheiten wie Bürgschaften. Die öffentliche Hand erkannte dieses Problem und initiierte Förderprogramme.[8] Im Folgenden werden Bank- und Förderdarlehen näher erläutert.

2.1 Bankdarlehen

Darlehen von Banken werden in der Regel als mittel- oder langfristige Kredite mit Laufzeiten von bis zu 35 Jahren ausgegeben. Ein Darlehen beruht immer auf einem schuldrechtlichen Vertrag. Dabei schuldet der Darlehensgeber dem Darlehensnehmer die Auszahlung des vereinbarten Darlehens. Im Gegenzug ist der Darlehensnehmer zur fristgerechten Rückzahlung des gesamten Betrages und der Zahlung der Darlehenszinsen in voller Höhe verpflichtet.[9]

Bankdarlehen werden dem Unternehmen nach dem Grundsatz der Fristenkongruenz für mittel- bis langfristige Verwendungen zur Verfügung gestellt. Zumeist handelt es sich um langlebige Investitionsgüter wie Immobilienobjekte oder Maschinen.[10]

Die Kredite können einerseits als Abzahlungskredite vereinbart werden, die konstante Tilgungsraten und eine dementsprechende sinkende Zinslast im Zeitablauf beinhalten. Andererseits kann ein Annuitätenkredit abgeschlossen werden, welcher konstante Summen aus Zinsen und Tilgung für die gesamte Laufzeit des Kredites vorschreibt. Bei Gründungsunternehmen besteht wegen den hohen Verlusten zu Beginn des Vorhabens das Bestreben, den Kapitaldienst in den ersten Jahren möglichst gering zu halten. Aus diesem

---

[6] Quelle: Nathusius 2001, S.19
[7] vgl. Stiller 2013b
[8] vgl. Heitzer S.21
[9] vgl. Woytt 2009, S. 19
[10] vgl. Nathusius 2001, S. 100

Grund werden Bankdarlehen in Rahmen der Gründungsfinanzierung in den ersten Jahren mit einer tilgungsfreien Zeit vereinbart, um Liquiditätsabflüsse in der Frühphase zu verhindern.[11]

Neben Zinsen sind bei Krediten für die Gründungsfinanzierung insbesondere weitere Kreditkosten zu berücksichtigen. Weitere Belastungen sind:

- Disagio
- Bearbeitungsgebühr
- Bereitstellungsgebühr
- Provision[12]

Ein weiterer wichtiger Aspekt für Banken sind die zu stellenden Sicherheiten. Dies können zum Beispiel sein:

- Hypotheken oder Grundschulden auf Grundstücke und Gebäude
- Sicherungsübereignung von Maschinen, Anlagen oder Warenbeständen
- Persönliche Bürgschaften durch Gründer, Bürgschaftsbanken, öffentliche Hände, Privatpersonen
- Verpfändung von Wertpapieren, Edelmetallen, Warenbeständen
- Abtretung von Forderungen (Zessionen)[13]

Für die Kreditwürdigkeitsprüfung eines jungen Unternehmens ist ein detaillierter Businessplan von essentieller Bedeutung. Im Normalfall greift die Bank dann auf Vergleichszahlen der jeweiligen Branche zurück und führt ein Benchmarking durch. Hierbei handelt es sich um Kennziffern wie Eigenkapitalquote, Liquidität, Rentabilität etc. Da besonders junge Unternehmen keine positive Kennziffern vorweisen können, stellt dies ein wesentliches Hindernis dar ein Problem dar.[14]

Besondere Umstände bereiten innovative Technologieunternehmen, da Kreditinstitute oft über kein Vergleichsmaterial verfügen und auch personell nicht zur Beurteilung innovativer Gründungskonzepte ausgestattet sind. In diesen Fällen ist es hilfreich Banken Gutachten von renommierten, neutralen Instituten vorzulegen als auch Referenzen vorzuzeigen.[15]

2.2 Förderdarlehen

Eine weitverbreitete Fördermaßnahme auf Seiten des Fremdkapitals sind die Förderdarlehen, welche für Gründer mit vorteilhaften Konditionen verbunden sind. Sie zeichnen sich meist durch eine niedrige und langfristig fixierte Verzinsung, eine überdurchschnittliche Laufzeit oder Tilgungsstundungen aus. Auf diese Weise wird Gründern vor allem in der Frühphase des Unternehmens der notwendige finanzielle Spielraum ermöglicht. In der Regel stellt den Antrag für ein Förderdarlehen die jeweilige Hausbank, die aufgrund der Attraktivität der Haftungsfreistellungen davon profitiert. Gründer sollten sich

---

[11] vgl. Nathusius 2001, S. 100f.
[12] Nathusius 2001, S. 100
[13] Nathusius 2001, S. 101
[14] vgl. Nathusius 2001, S. 102f.
[15] vgl. Nathusius 2001, S. 103

somit gut auf ein Bankgespräch mithilfe eines Businessplans vorbereiten, denn letztlich entscheidet die Bank über die Weiterleitung des Förderantrages.[16] Im Folgenden werden die wesentlichen Förderdarlehen kurz vorgestellt.

2.2.1 ERP-Kapital für Gründung

Bei dem „ERP-Kapital für Gründung" handelt es sich um ein Darlehen von maximal 500.000 Euro mit Eigenkapitalcharakter. Durch das Förderprogramm werden Gründungs- und Investitionsvorhaben gefördert, die eine nachhaltige und selbstständige Existenz erwarten lassen. Durch den Eigenkapitalcharakter wird die Eigenkapitalquote gestärkt und eine zusätzliche Fremdkapitalaufnahme erleichtert. Eine wesentliche Voraussetzung sind neben einem erfolgreichen Gespräch mit der Hausbank die erforderlichen Eigenmittel in Höhe von mindestens zehn Prozent. Zudem werden von dem Gründer fachliche und kaufmännische Qualifikationen gefordert, sowie ausreichende unternehmerische Entscheidungsfreiheit. Den Maximalkreditbetrag erhält man bei einer Laufzeit von bis zu 15 Jahren ohne die banküblichen Sicherheiten (Zinsbindung 10 Jahre, Tilgungsfreiheit 7 Jahre). Der Zinssatz ist abhängig von der Kredithöhe und -menge.[17]

2.2.2 ERP-Gründerkredite

Der ERP-Gründerkredit besteht aus zwei Programmen. Mit dem ERP-Gründerkredit „StartGeld" werden vor allem Existenzgründer und Freiberufler mit kleinvolumigen Vorhaben von bis zu 100.000 Euro gefördert. Der ERP-Gründerkredit „Universell" zielt dagegen mit einem Kredithöchstbetrag von zehn Millionen Euro auf größere Gründungsvorhaben ab.[18] Die Durchführung erfolgt dabei von der KfW-Bankengruppe, wobei der Weg der Förderung über die Hausbank des Unternehmers führt.[19]

Das Ziel des StartGeld-Programms ist die Förderung von Existenzgründern und jungen Unternehmen in Deutschland durch zinsgünstige Kredite für Investitionen und Betriebsmittelaufwand mit kleinem Volumen. Finanziert wird mit Beträgen von bis zu 100.000 Euro (davon maximal 30.000 Euro für Betriebsmittel) bei einer maximalen Laufzeit von zehn Jahren, wobei in den ersten zwei Jahren keine Tilgung erfolgen kann. Ein Eigenkapital ist dagegen nicht von Nöten, jedoch muss der Gründer neben persönlichen Voraussetzungen die Definition der EU für ein KMU erfüllen, sowie zum Zeitpunkt der Darlehensvergabe weniger als drei Jahre auf dem Markt Bestand haben.[20]

Da die Gründungsfinanzierung für die Kreditinstitute ein risikoreiches Geschäft darstellt, entlastet das ERP-Programm die durchleitenden Kreditinstitute beim ERP-Gründerkredit „StartGeld" durch eine Haftungsfreistellung von 80%, sodass ein einfacher Zugang und günstigere Zinssätze realisiert werden können. Planungssicherheit schafft zudem der jährlich feste Zinssatz.[21]

---

[16] vgl. Vogelsang; Fink; Baumann 2013, S. 111
[17] Vgl. KfW-Gruppe 2013b
[18] vgl. KfW-Gruppe 2013a
[19] vgl. Bundesministerium für Wirtschaft und Technologie 2013a
[20] vgl. Bundesministerium für Wirtschaft und Technologie 2013a
[21] vgl. KfW-Gruppe 2013a

Das Universell-Programm gilt für die gleichen Förderzwecke wie das StartGeld-Programm, allerdings liegt hier der Kredithöchstbetrag bei zehn Millionen Euro. Dies hat zur Folge, dass im Vergleich zum ERP-Gründerkredit „StartGeld" die Zinsen risikoabhängig sind. Das Kreditausfallrisiko trägt in diesem Förderprogramm allein die jeweilige Hausbank des Unternehmers. Die Höhe des Risikos und den Zinssatz legt somit ebenfalls die Hausbank fest. Es werden die Bonität des Gründers, die wirtschaftlichen Verhältnisse und der Wert der verfügbaren Sicherheiten berücksichtigt. Die maximale Laufzeit beläuft sich auf 20 Jahre mit Zinsbindung, wobei in den ersten drei Jahren keine Tilgungszahlungen erfolgen können.[22]

2.2.3 Mikrokreditfonds

Mit dem „Mikrokreditfonds Deutschland" verfolgt die Bundesregierung das Ziel der Verbesserung der Finanzierung von Klein- und Gründungsunternehmen. Die zur Verfügung gestellten Mittel werden aus dem Europäischen Sozialfonds und dem Haushalt des Bundesministeriums für Arbeit und Soziales finanziert. Für Gründer, die kleine Beträge bis maximal 20.000 Euro benötigen oder keine Sicherung gegenüber Banken aufweisen können, bietet der Fonds eine Alternative zu den bisher genannten Programmen. Es ist jedoch zu beachten, dass die Zinsen vergleichsweise hoch sind. Anders als bei den Förder-programmen der KfW-Gruppe dient als Ansprechpartner nicht die Hausbank, sondern eines von 50 Mikrofinanzinstituten in Deutschland. Diese bieten weiterhin gebührenfreie Kreditvermittlung und Beratung während der Laufzeit an.[23]

2.3 Chancen und Risiken der Kreditfinanzierung

Für langfristige Investitionen mit hohem Kapitalbedarf bietet die Kreditfinanzierung optimale Voraussetzungen für ein Unternehmenswachstum. Gegen eine regelmäßige Zinszahlung ermöglicht diese dem Gründer, ohne Abgabe von jeglichen Mitspracherechten, sein Vorhaben zu finanzieren. Auch in konjunkturell schwierigen Phasen bietet ein kurzfristiges Darlehen die Chance, jene zu überstehen. Im Fall einer guten Bonität können Kreditnehmer sogar auf niedrige Kapitalkosten hoffen. Diese Kosten gehören zu den Betriebsausgaben, sodass sie sowohl gewinn- als auch steuermindernd sind.[24]

Demgegenüber steht das mögliche Risiko der Finanzierungskosten. Die exakt festgelegten und regelmäßigen Zinstilgungen belasten dabei die Liquidität des Unternehmens. Kommt also ein Unternehmen seinen Zahlungsverpflichtungen nicht nach, kann von Seiten des Kreditgebers der Kreditvertrag fristlos gekündigt werden. Ein weiteres Risiko ist das Stellen von Kreditsicherheiten. Bei höheren Kreditsummen können junge Unternehmen leicht in eine Abhängigkeit vom Kapitalgeber geraten. Dieser beansprucht somit wichtige Kontrollrechte oder sogar Mitspracherecht, ohne unternehmerische Verantwortung und jegliches Risiko zu übernehmen.[25]

---

[22] vgl. Bundesministerium für Wirtschaft und Technologie 2013a
[23] Vgl. Collrepp 2011, S. 464
[24] vgl. Thiele 2005, S. 20
[25] vgl. Kislat 2005, S. 77f.

3   Mezzanine-Finanzierung

Die Realisierung von innovativen Produkten verlangt nach einer dementsprechenden Finanzierung. Weiterhin steigt der Bedarf an alternativen Finanzierungsmöglichkeiten. Die Gründe dafür sind die schwer abschätzbaren Erfolgsaussichten und kaum vorhandenen Kreditsicherheiten. Eine solche Alternative stellt das hybride Finanzierungsinstrument Mezzanine dar.[26] Mezzanine-Kapital ist zwischen Eigen- und Fremdkapital angesiedelt und kann als Darlehen oder auch als stille Beteiligung vergeben werden.[27] Es zeichnet sich durch einen hohen Grad an Flexibilität aus und kommt für Gründer in Frage, die hohe Wachstumsziele anstreben, dafür langfristig Kapital benötigen und dennoch ihre Eigenkapitalstruktur nicht verwässern wollen. Banken präferieren Unternehmen mit einem Finanzbedarf von mehreren Millionen Euro, die primär bei Management-Buy-Outs oder bei der Bridge-Phase benötigt werden.[28] Grundsätzlich lohnt sich diese Art der Finanzierung lediglich für Unternehmen mit sehr guter Eigenkapitalrendite, da der Zins auf Mezzanine-Kapital bei etwa 15 bis 20% liegt. Bei diesen hohen Kapitalkosten verzichtet der Kapitalgeber auf ein Mitspracherecht im operativen Geschäft. Ferner gelten seine Forderungen gegenüber sonstigen Bankdarlehen im Falle einer Insolvenz als nachrangig.[29] Steuerlich wird das Mezzanine-Kapital komplementär zum Fremdkapital behandelt, so können Zinszahlungen als Betriebsausgaben abgesetzt werden. Als Investitionskriterium für den Kapitalgeber dient in der Regel die Höhe des zu erwarteten Cashflows in den kommenden Jahren.[30]

Viele VC-Gesellschaften nutzen Mezzanine-Kapital, da sie nicht an Mitspracherechten interessiert sind. Zum einen beschränken sich beispielsweise die Mittelständischen Beteiligungsgesellschaften auf das Modell der stillen Beteiligung, zum anderen händigen VC-Gesellschaften im Einzelfall zu ihren direkten Beteiligungen auch Darlehen mit Wandlungs- und Optionsrechten aus. Dies hat zur Folge, dass eine zu große Verwässerung der Gesellschaftsanteile der Gründer vermieden und ein Leistungsanreiz erzeugt wird.[31]

---

[26] vgl. Barthold 2001, S. 7
[27] vgl. Pleschak et al. 2002, S. 104
[28] vgl. Fries 2003, S. 21
[29] vgl. Fries 2003, S. 21f.
[30] vgl. Daferner 2000
[31] vgl. Nathusius 2001, S. 19

3.1 Arten von Mezzanine-Kapital

Da es eine Vielzahl von möglichen Ausprägungen gibt, werden im Folgenden die wichtigsten Mezzanine-Kapitalarten beschrieben.

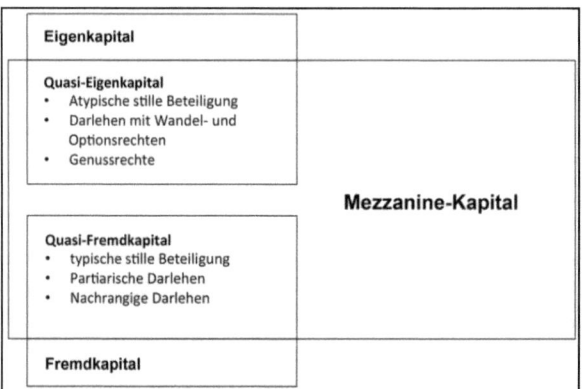

Abbildung 3: Typologie der Mezzanine-Finanzierungsformen[32]

Das Nachrangdarlehen ist diejenige Mezzanine-Finanzierungsform, die dem reinen Fremdkapital am nächsten kommt. Bei dieser Form werden Kapitalgeber im Gegensatz zu einer klassischen Kreditfinanzierung im Fall einer Insolvenz des Unternehmens nachrangig gestellt. In der Regel wird der Nachrang in Form einer Erklärung zu Gunsten benannter Dritter festgelegt.[33] Auf Grund fehlender Besicherung und der Nachrangigkeit gegenüber anderen Gläubigern fordern die Kapitalgeber in der Regel neben einer fixen Nominalverzinsung einen Risikoaufschlag für die Kapitalüberlassung. Diese zusätzliche variable Vergütung ist normalerweise gewinnabhängig, sodass sie nur bei einem positiven Gewinn zu zahlen ist. Aufgrund des erhöhten Risikos liegen die Kosten somit über den Konditionen einer klassischen Fremdkapitalfinanzierung.[34] Nachrangdarlehen in Form eines partiarischen Darlehens, wie es von vielen Crowdinvesting-Plattformen vergeben wird, sind zusätzlich mit einer Gewinnbeteiligung versehen, während sich eine Verlustbeteiligung nur mittelbar durch den Verlust der gewinnabhängigen Vergütung ergibt.[35]

Die typische stille Beteiligung hat verglichen mit dem Nachrangdarlehen eine stärke gesellschaftsrechtliche Komponente.[36] Diese Art von Mezzanine-Kapital ist dadurch charakterisiert, dass der Kapitalgeber am Unternehmenswachstum nicht direkt partizipiert, sondern nur ein Beteiligungsentgelt erhält, das sich oft am erwirtschafteten Gewinn orientiert. Dabei ist die Haftung auf die Kapitalanlage beschränkt. Das Kapital aus der stillen

---

[32] Quelle: Eigene Darstellung, in Anlehnung an: Nathusius 2001, S. 117
[33] vgl. Barthold 2001, S. 12
[34] vgl. Fries 2003, S. 25
[35] vgl. Häger; Alvensleben; Elkemann-Reusch 2004, S. 27
[36] vgl. Häger; Alvensleben; Elkemann-Reusch 2004, S. 28

Beteiligung steht dem Unternehmen lediglich für einen begrenzten Zeitraum zur Verfügung. Dabei gilt auch hier die Nachrangigkeit der Ansprüche des Kapitalgebers im Insolvenzfall.[37] In der Praxis werden Mitsprache-, Kontroll-, und Informationsrechte im Beteiligungsvertrag festgehalten. Insgesamt ist die Partnerschaft zwischen den Unternehmern und dem stillen Gesellschafter in der Regel enger als mit einem Nachrangdarlehensgeber.[38]

Wandel- und Optionsanleihen sind Schuldverschreibungen. Wandelanleihen gewähren dem Anleihegläubiger das Recht, bei Fälligkeit der Anleihe entweder die Rückzahlung des eingesetzten Kapitals oder die Herausgabe von Aktien des Unternehmens zu verlangen. Damit geht dessen Forderung der Rückzahlung des Darlehens mit der Verrechnung seiner Einlagepflicht unter.[39] Hingegen gewähren Optionsanleihen dem Anleihegläubiger zusätzlich zum Rückzahlungsanspruch das Recht, bei Fälligkeit eine bestimmte Anzahl von Aktien zu erhalten. Dabei erhält der Investor jedoch kein Stimmrecht in der Generalversammlung des Unternehmens und hat somit kein Anspruch auf Ausschüttungen irgendwelcher Art. Beide Formen finden vor allem Gebrauch in der Bridge-Phase des Unternehmens.[40]

Genussscheine sind Wertpapiere und gewähren vermögensrechtliche Ansprüche, insbesondere die Teilhabe am Gewinn oder Verlust. Es ist zwischen einer gewinnorientierten Verzinsung und solcher, die nur gewinnabhängig verzinst wird, zu unterscheiden. Aufgrund des schuldrechtlichen Charakters erlauben Genussscheine keine mitgliedschaftlichen Verwaltungsrechte.[41] Die Finanzierung durch Genussscheine stärkt die Eigenkapitalquote junger Unternehmen und gewährt gleichzeitig den Gründern volle Entscheidungsrechte. Insgesamt erweisen sich Genussscheine nur in den ganz frühen Phasen der Unternehmensentwicklung als vorteilhaft.[42]

Bei der atypischen stillen Gesellschaft handelt es sich ebenfalls um eine stille Gesellschaft. Gegenüber der typisch stillen Gesellschaft trägt der Kapitalgeber, durch die steuerliche Mitunternehmerschaft, Mitunternehmerrisiko und -initiative. Somit ist er am laufenden Gewinn und Verlust als auch den stillen Reserven beteiligt.[43]

3.2 Klassische Anwendungsbereiche

Ob die Aufnahme von Mezzanine-Kapital sinnvoll erscheint, ist abhängig vom jeweiligen Einzelfall. Allgemein wird sie jedoch bei Unternehmen mit einem gewissen Reifegrad verwendet.[44] Hierbei lassen sich klassische Anwendungsbereiche für Startups unterscheiden.

Den traditionellen Kernanwendungsbereich von Mezzanine-Finanzierungen stellen die Buy Outs in der Later Stage dar. Bei dem Management-Buy-Out verfügt das Management in der Regel nicht über ausreichende Finanzmittel, um den erforderlichen Eigenkapitalanteil für den Unternehmenskauf aufzubringen. Dabei darf gleichzeitig die Aufnahme weiterer Anteils-

---

[37] vgl. Fries 2003, S. 22
[38] vgl. Häger; Alvensleben; Elkemann-Reusch 2004, S. 30
[39] vgl. Barthold 2001, S.14
[40] vgl. Häger; Alvensleben; Elkemann-Reusch 2004, S. 31
[41] vgl. Häger; Alvensleben; Elkemann-Reusch 2004, S. 34f.
[42] vgl. Pleschak et al. 2002, S. 112f.
[43] vgl. Häger; Alvensleben; Elkemann-Reusch 2004, S. 36
[44] vgl. Häger; Alvensleben; Elkemann-Reusch 2004, S. 44

eigner nicht erfolgen. In diesem Fall bietet Mezzanine die Chance, die Finanzierungslücke zwischen dem maximal verfügbaren FK und EK zu schließen.[45] Ein weiterer klassischer Anwendungsbereich ist die Bridge-Finanzierung. Hierbei deckt Mezzanine-Kapital den Kapitalbedarf bis zum eigentlichen IPO, bis schließlich das Aktionärskapital einfließt. Üblich sind Vereinbarungen, die dem Mezzanine-Investor Optionen der Teilnahme am Börsengang gewährleisten, im Gegenzug erhalten Unternehmer geringe Zinsen. Infolgedessen erhält das Unternehmen die benötigte Liquidität, um Unabhängigkeit im Bezug auf den Emissionszeitpunkt zu zeigen.[46]

In der Expansion Stage besitzen erfolgreiche Startups einen hohen Kapitalbedarf für Internationalisierung, Diversifikation, etc., verfügen jedoch über eine geringe Eigenkapital-basis. Dies hindert die Gründer auch an der Aufnahme von Fremdkapital. Durch den Einsatz von Mezzanine-Kapital wird die EK-FK-Lücke geschlossen, bis Wachstumsstrategien umgesetzt worden sind und sich somit die Ertragslage verbessert hat.[47]

Schließlich können hybride Finanzierungsinstrumente bei Ausscheiden eines Investors sinnvoll sein. Um diesen auszubezahlen reichen die vorhandenen Liquiditätsreserven oft nicht aus und zusätzliche Darlehen sind meist nur schwer umsetzbar, da durch das Ausscheiden eine Reduzierung der Haftbasis die Kreditwürdigkeit negativ beeinflussen würde. Möglich wäre in diesem Fall die Übernahme der Anteile des Investors durch den neuen Mezzanine-Investor in Verbindung mit einer sogenannten Earn-Out-Konstruktion.[48]

3.3 Chancen und Risiken für Gründungsunternehmen

Durch die besondere Stellung von Mezzanine-Produkten ergeben sich zahlreiche Chancen und Risiken für junge Unternehmen.

Wesentlicher Vorteil ist die Eigenkapitaläquivalenz der Mezzanine-Produkte. „Aus der Perspektive vorrangig besicherter Kapitalgeber kann Mezzanine-Kapital als Eigenkapital-äquivalent betrachtet werden, da es im Insolvenzfall stets erst nach der Bedienung der eigenen Ansprüche berücksichtigt wird. Der Einsatz von Mezzanine-Kapital führt somit dazu, dass die Kreditlinien der klassischen Fremdkapitalfinanzierung von vornherein weniger beansprucht werden und gleichzeitig die Besicherungsbasis ausgeweitet wird."[49] Im Gegensatz dazu kann dies relevant für eine zukünftige Fremdkapitalaufnahme sein, denn eine optimale Eigenkapitalquote verbessert das Rating des Startups und ermöglicht insbesondere durch Basel II neue Wege der Kapitalbeschaffung.[50]

Weiterhin ermöglicht Mezzanine-Kapital die Bereitstellung von Liquidität ohne Kredit-sicherheiten vorweisen zu müssen. Die Liquidität ist im Unternehmen ein elementarer Baustein der Finanzstruktur und trägt zum nachhaltigen Erfolg bei.[51] Junge Unternehmen haben das Problem Institutionen, wie Banken, Kreditsicherheiten anzubieten. Mezzanine-

---

[45] vgl. Häger; Alvensleben; Elkemann-Reusch 2004, S. 45
[46] vgl. Häger; Alvensleben; Elkemann-Reusch 2004, S. 45
[47] vgl. Link 2002, S. 31
[48] vgl. Häger; Alvensleben; Elkemann-Reusch 2004, S. 47
[49] Häger; Alvensleben; Elkemann-Reusch 2004, S. 42
[50] vgl. Nathusius 2001, S. 19
[51] vgl. Hockenbrink 2008, S. 59

Kapitalgeber verzichten auf Kreditsicherheiten, verlangen jedoch als Gegenleistung einen höheren Zinssatz.

Das Finanzierungsinstrument bietet jungen Unternehmen ebenfalls die Chance laufende Finanzierungskosten zu senken. Durch den Equity Kicker, d.h. die Möglichkeit der Teilhabe am Unternehmenserfolg, können laufende Finanzierungskosten durch niedrige Zinszahlungen gemindert werden. Dies ist vor allem für Wachstumsunternehmen mit niedrigem Cashflow von Relevanz. Zudem sind die Interessen vom Unternehmer und Mezzanine-Investor die gleichen, sodass beide an der Exit-Perspektive partizipieren. Ferner bietet Mezzanine-Kapital Aufgrund der Abzugsfähigkeit der Finanzierungskosten steuerliche Optimierungspotenziale im Vergleich zu anderen Finanzierungsmöglichkeiten.[52]

Außerdem spielt die Verwässerung von Gründeranteilen des Unternehmens eine entscheidende Rolle. Der Verzicht auf Mitspracherechte und die Kombination von Eigenkapital und Eigenkapital ähnlichen Mitteln bietet Mezzanine die Möglichkeit solche Verwässerungen teilweise zu vermeiden.[53]

Den zahlreichen Vorteilen stehen auch diverse Nachteile gegenüber. Die regelmäßig hohen Gesamtkosten, die oft bei 10-20% der Investition liegen, werden als ein Risiko angesehen, denn dadurch steht das Unternehmen immer unter Druck, regelmäßige und stabile Cashflows generieren zu müssen. Erfahrungsgemäß liegen die Zinskosten deutlich über den von normalen Bankkrediten.[54] Zudem erwarten Kapitalgeber auch hohe Wertsteigerungs- und Wachstumspotenziale, die das Unternehmen zu halten hat. Dies kann zu einem Interessenskonflikt zwischen Kapitalgeber und -nehmer führen.[55]

Eine weitere Rolle spielt die zeitliche Befristung, denn Mezzanine-Kapital steht zwar langfristig zur Verfügung, ist dennoch zeitlich befristet, da es ausstiegsorientiert investiert wird.[56]

Zusammenfassend ist die Mezzanine-Finanzierung eine echte Alternative für insbesondere für Startups in der Expansion Stage. Es setzt an den Schwachstellen der Finanzierungsstruktur an und bietet eine Reihe von Vorteilen und interessante Möglichkeiten, die Finanzierungssituation zu verbessern. Welche Ausgestaltung letztlich gewählt wird, hängt vor allem von der jeweiligen Unternehmenssituation und dem Kapitalbedarf des Startups ab.[57]

Weitere Informationen zu diesem Thema finden Sie in: „Externe Möglichkeiten der Gründungsfinanzierung. Ansätze und Entwicklung" von Jakob Schelenberg.
ISBN: 978-3-656-57774-4
http://www.grin.com/de/e-book/267025/

---

[52] vgl. Häger; Alvensleben; Elkemann-Reusch 2004, S. 42f.
[53] vgl. Häger; Alvensleben; Elkemann-Reusch 2004, S. 42
[54] vgl. Bruns 2012
[55] vgl. Wötzel 2008, S. 30
[56] vgl. Häger; Alvensleben; Elkemann-Reusch 2004, S. 43
[57] vgl. Häger; Elkemann-Reusch 2007, S. 43

Literaturverzeichnis (inklusive weiterführender Literatur)

Achtleitner, Ann-Christin (2006): Anbieterverhalten. Wiesbaden: Gabler.

Alberti, Jan (2010): Geschftsmodelle Fur Inkubatoren Strategien, Konzepte, Handlungsempfehlungen. Gabler.

anon (2007): ZEW-Studie: Hightech-Gründungen und Business Angels. Mannheim.

Baier, Wolfgang (1996): Marketing und Finanzierung junger Technologieunternehmen: den Gründungserfolg sichern. Wiesbaden: Gabler.

Ballwieser, Wolfgang; Süddeutsche Treuhand-Gesellschaft (2008): Wirtschaftsprüfung im Wandel: Herausforderungen an Wirtschaftsprüfung, Steuerberatung, Consulting, und Corporate Finance ; Festgabe 100 Jahre Südtreu, Deloitte, 1907 bis 2007. München: Beck.

Barthold, Beat (2001): Mezzanine-Finanzierung von Unternehmensübernahmen und Jungunternehmen o. J.

Becker, Barbara; Gassmann, Oliver (2006): „Corporate incubators: industrial R&D and what universities can learn from them." In: Journal of Technology Transfer, (2006), 4.

Betsch, Oskar (2000): Gründungs- und Wachstumsfinanzierung innovativer Unternehmen. München: Oldenbourg.

Ditz, Michael (2002): Thoorotiooho Grundlagen der Gründungsfinanzierung o. J.

Botzenhardt, Christian (2007): Private Equity - Eine Alternative Auch Für Privatanleger? Wiesbaden: GRIN Verlag.

Braun, Hendrik (2013): Venture Capital-Fonds und Business Angels Entstehung und Effekt von Kooperationen o. J.

Breuer, Rolf-Ernst (1997): „Venture Capital - besseres Umfeld ist notwendig." In: (= Die Bank), (1997), Heft 6.

Brühl, A. (2006): „Venture Capital Magazin - Sonderausgabe: Startup 2007." In: Venture Capital Magazin, (2006). Online im Internet: http://www.dgfev.de/resources/Start-up2007Auszug.pdf.

Bruns, Michael (2012): Vorteile und Nachteile der Mezzanine-Finanzierung - foerderland. Online im Internet: http://www.foerderland.de/finanzen/finanzierung-im-ueberblick/mezzanine-finanzierung/vorteile-der-mezzanine-finanzierung/#c10104 (Zugriff am: 27.08.2013).

Bundesministerium für Wirtschaft und Technologie (2013a): Gründungsfinanzierung. Online im Internet: http://www.bmwi.de/DE/Themen/Mittelstand/Mittelstandsfinanzierung/gruendungsfinanzierung.html (Zugriff am: 14.08.2013).

Bundesministerium für Wirtschaft und Technologie (2013b): Rösler besucht die CeBIT 2013 |
BMWi-Existenzgründungsportal. Online im Internet:
http://www.existenzgruender.de/mediathek/videobeitraege/videos/video_09137.php
(Zugriff am: 28.07.2013).

Bundesverband Deutsche Startups e.V. (2013): Deutscher Startup Monitor – Bundesverband
Deutsche Startups e.V. Online im Internet:
https://deutschestartups.org/themen/startup-monitor/ (Zugriff am: 17.08.2013).

Bundesverband Deutscher Kapitalbeteiligungsgesellschaften (2006): BVK-Special: Private
Equity in Europa 2005. Berlin.

Bundesverband Deutscher Kapitalbeteiligungsgesellschaften (2008a): BVK-Special: Private
Equity in Europa 2007. Berlin.

Bundesverband Deutscher Kapitalbeteiligungsgesellschaften (2008b): BVK-Statistik: Das
Jahr 2007 in Zahlen. Berlin.

Bundesverband Deutscher Kapitalbeteiligungsgesellschaften (2013a): BVK-Statistik: Das
Jahr 2012 in Zahlen. Berlin.

Bundesverband Deutscher Kapitalbeteiligungsgesellschaften (2013b): Der deutsche
Beteiligungskapitalmarkt 2012 und Ausblick auf 2013. Berlin. Online im Internet:
http://www.bvkap.de/media/file/456.20130225_PK-Praese_Statistik2012_PE-
Prognose_FINAL.pdf.

Bundesverband Deutscher Kapitalbeteiligungsgesellschaften (2013c): Venture Capital in
Deutschland: Wo steht der Markt? Berlin.

Business Angels Netzwerk Deutschland e.V. (2013): Business Angels fliegen
Dot.coms. Düsseldorf (= Business Angels Panel). Online im Internet:
http://www.business-angels.de/DWD/_111327/upload/media_6918.pdf.

Business Angels Netzwerk Deutschland e.V. (2012): Facts and Background zum Thema
"Business Angels" o. J.

Busse, Franz-Joseph (2009): Grundlagen der betrieblichen Finanzwirtschaft. München [u.a.:
Oldenbourg. Online im Internet: http://dx.doi.org/10.1524/9783486592467 (Zugriff am:
25.07.2013).

Collrepp, Friedrich von (2011): Handbuch Existenzgründung: Sicher in die dauerhaft
erfolgreiche Selbständigkeit. Stuttgart: Schäffer-Poeschel.

Daferner, Stefan (2000): Eigenkapitalausstattung von Existenzgründungen im Rahmen der
Frühphasenfinanzierung Sternenfels: Wissenschaft und Praxiso. J.

Deligny, Jean-Michel; Dennert, Roland (2012): „Rekapitalisierung für Venture Capital."
In: Venture Capital Magazin, (2012). Online im Internet: http://www.vc-
magazin.de/aeltere-beitraege-aller-kategorien/item/1436-rekapitalisierung-für-
venture-capital.

Dieterle, Willi K. M (2000): Gründungsplanung und -finanzierung: Voraussetzungen für den
Gründungserfolg. München; [München]; [München]: Dt. Taschenbuch-Verl. ; Beck ;
Vahlen.

Eckstaller, Claudia; Huber-Jahn, Ingrid (2006): Private Equity und Venture Capital: Begriff, Grundlagen, Perspektiven. Sternenfels: Verl. Wissenschaft und Praxis.

Engelmann, Andree (2000): Moderne Unternehmensfinanzierung: Risikokapital für Unternehmensgründung und -wachstum. Frankfurt am Main: Knapp.

Erikson, Truls; Aernoudt, Rudy (2002): „Business Angel Networks: A European Perspective." In: Journal of Enterprising Culture, (2002), 10.

European Private Equity and Venture Capital Association (2013): European Private Equity and Venture Capital Activity 2012. . Online im Internet: http://www.evca.eu/knowledgecenter/latestdata.aspx?id=500.

Fleischhauer, Uwe; Hoyer, Götz; Kaluza, Anne (2008): Das Anlageverhalten institutioneller Investoren in Deutschland in Venture Capital. München. Online im Internet: http://www.fhpe.de/vc-panel/Das%20Anlageverhalten%20institutioneller%20Investoren%20aus%20Deutsch land%20in%20Venture%20Capital.pdf.

Fries, Juan (2003): Möglichkeiten der Finanzierung technologieorientierter Unternehmensgründungen Karlsruhe: Uni Karlsruheo. J.

Gazecki, M. (2006): „Worauf es in den verschiedenen Finanzierungsrunden ankommt, Venture Capital Magazin." In: Venture Capital Magazin, (2006), Sonderausgabe: Start-up 2007.

Grandi, Alessandro; Grimaldi, Rosa (o. J.): „Business incubators and new venture creation: an assessment of incubating models." In. Technovation. Bologna.

Häger, Michael; Alvensleben, Philipp von; Elkemann-Reusch, Manfred (2004): Mezzanine Finanzierungsinstrumente: Stille Gesellschaft - Nachrangdarlehen - Genussrechte. Berlin: Schmidt.

Häger, Michael; Elkemann-Reusch, Manfred (2007): Mezzanine Finanzierungsinstrumente: stille Gesellschaft - Nachrangdarlehen - Genussrechte - Wandelanleihen. Berlin: Erich Schmidt.

High-Tech Gründerfonds (2013): Finanzierungs-konditionen « High-Tech Gründerfonds. Online im Internet: http://www.high-tech-gruenderfonds.de/finanzierung/finanzierungskonditionen/ (Zugriff am: 13.08.2013).

Hockenbrink, Thomas (2008): Die Bedeutung von Mezzanine-Finanzierung für KMU in Abgrenzung zu vergleichbaren Finanzierungsformen. GRIN Verlag.

Hofmann, Alex (2012a): Company Builder/Inkubator: So finden Gründer den richtigen Investor. Gründerszene. Online im Internet: http://www.gruenderszene.de/allgemein/investor-finden-inkubator (Zugriff am: 08.08.2013).

Hofmann, Alex (2012b): Gründerszene Lexikon. Online im Internet: http://www.gruenderszene.de/lexikon/begriffe/inkubator (Zugriff am: 07.08.2013).

HSG-Startup (2013): Stärken und Schwächen von Crowdfunding/Crowdinvesting | HSG Entrepreneurship Campus. Online im Internet: http://hsgbi.wordpress.com/2013/05/29/starken-und-schwachen-von-crowdfundingcrowdinvesting/ (Zugriff am: 16.08.2013).

Hüsing, Alexander (2013): Investitionsphasen / deutsche-startups.de. deutsche-startups. Online im Internet: http://www.deutsche-startups.de/lexikon/investitionsphasen/ (Zugriff am: 09.08.2013).

Innovestment GmbH (2013): Innovestment - Unser Angebot auf einen Blick. Online im Internet: http://www.innovestment.de/startups/offer.html (Zugriff am: 16.08.2013).

Jacobi, Olaf (2011): Die deutsche Venture-Capital-Szene – Deutschland vs. USA. Online im Internet: http://www.gruenderszene.de/finanzen/venture-capital-szene-deutschland-vs-usa (Zugriff am: 26.08.2013).

Kain, Florian (2013): Merkel fordert Gründerboom in Deutschland. Berliner Morgenpost - Berlin. Online im Internet: http://www.morgenpost.de/berlin-aktuell/startups/article114245363/Merkel-fordert-Gruenderboom-in-Deutschland.html (Zugriff am: 17.08.2013).

KfW-Gruppe (2008): Der informelle Beteiligungskapitalmarkt in Deutschland. Frankfurt am Main. Online im Internet: http://www.business-angels.de/DWD/_111327/upload/media_6028.pdf.

KfW-Gruppe (2013a): ERP Gründerkredit Startgeld 067. Online im Internet: https://www.kfw.de/inlandsfoerderung/Unternehmen/Gr%C3%BCnden-Erweitern/Finanzierungsangebote/ERP-Gr%C3%BCnderkredit-Startgeld-(067)/ (Zugriff am: 14.08.2013).

KfW-Gruppe (2013b): ERP Kapital für Gründung 058. Online im Internet: https://www.kfw.de/inlandsfoerderung/Unternehmen/Gr%C3%BCnden-Erweitern/Finanzierungsangebote/ERP-Kapital-f%C3%BCr-Gr%C3%BCndung-(058)/ (Zugriff am: 14.08.2013).

KfW-Gruppe (2013c): Gründungsmonitor 2013. Online im Internet: https://www.kfw.de/KfW-Konzern/Newsroom/Pressetermine/Gr%C3%BCndungsmonitor-2013/ (Zugriff am: 17.08.2013).

KfW-Gruppe (2013d): KfW - ERP-Startfonds 136. Online im Internet: https://www.kfw.de/inlandsfoerderung/Unternehmen/Gr%C3%BCnden-Erweitern/Finanzierungsangebote/ERP-Startfonds-(136)/#1 (Zugriff am: 13.08.2013).

Kislat, Dietrich (2005): Kapitalanlagen und Controlling: Funktionsorientierte Qualifikationen. Verlag Versicherungswirtsch.

Klein, Rene (2013a): Crowd investing als Finanzierung für Start-ups. Fuer-Gruender.de. Online im Internet: http://www.fuer-gruender.de/kapital/eigenkapital/crowd-investing/ (Zugriff am: 25.08.2013).

Klein, Rene (2013b): Crowd investing Monitor von Für-Gründer.de. Fuer-Gruender.de. Online im Internet: http://www.fuer-gruender.de/kapital/eigenkapital/crowd-investing/monitor/ (Zugriff am: 16.08.2013).

Kletzsch, Matthias (2013): Crowdinvesting Schwarmfinanzierung. BoD – Books on Demand.

Koch, Lambert; Zacharias, Christoph (2001): Gründungsmanagement: mit Aufgaben und Lösungen. München; Wien: Oldenbourg.

Kollmann, Tobias (2011): Inkubatoren 2.0: Die Rundum-Sorglos-Brutkästen - manager magazin. Manager Magazin. Online im Internet: http://www.manager-magazin.de/unternehmen/artikel/a-774221.html (Zugriff am: 08.08.2013).

Komenda, Armin (2008): Existenzgründung und Finanzierung - Kritische Analyse der (neuen) Möglichkeiten und Formen der Unternehmensfinanzierung. GRIN Verlag.

Kulicke, Marianne; Leimbach, Timo (2012): Venture Capital und weitere Rahmenbedingungen für eine Gründungskultur o. J.

Leibbrand, Frank; Blum, Ulrich (2001): Entrepreneurship und Unternehmertum: Denkstrukturen für eine neue Zeit. Wiesbaden: Gabler.

Lessat, Vera (1999): Beteiligungskapital und technologieorientierte Unternehmensgründungen: Markt - Finanzierung - Rahmenbedingungen. Wiesbaden: Gabler.

Link, Gerson (2002): Anreizkompatible Finanzierung durch Mezzanine-Kapital. Frankfurt am Main ; New York: P. Lang (= Europäische Hochschulschriften. Reihe V, Volks- und Betriebswirtschaft, Publications universitaires européennes. Série V, Sciences économiques, gestion d'entreprise ; European university studies. Series V, Economics and management).

Löntz, Axel (2007): Finanzierung junger Unternehmen durch Business Angels: eine betriebswirtschaftliche und steuerliche Analyse Lohmar; Köln: Eulo. J.

Mason, Colin; Harrison, Richard (2000): „The Size of the Informal Venture Capital Market in the United Kingdom." In: Small Business Economics. Kluwer Academic Publishers.

Mittelständische Beteiligungsgesellschaft Niedersachsen (MBG) mbH (2012): Produktübersicht o. J.

Nathusius, Klaus (2001): Grundlagen der Gründungsfinanzierung: Instrumente - Prozesse - Beispiele. Wiesbaden: Gabler.

National Business Incubation Association (2007): National Business Incubation Association. National Business Incubation Association. Online im Internet: http://www.nbia.org/ (Zugriff am: 08.08.2013).

Netzwerk Nordbayern (2013): Finanzierungsphasen – n2 Start-up Wiki. Online im Internet: http://www.netzwerk-nordbayern.de/wiki/index.php/Finanzierungsphasen (Zugriff am: 29.08.2013).

Nocera, Joseph (2001): Why Is He Still Smiling? Bill Gross blew through $800 million in 8 months (and he's got nothing to show for it). CNN Money. Online im Internet: http://money.cnn.com/magazines/fortune/fortune_archive/2001/03/05/297860/index.ht m (Zugriff am: 23.08.2013).

Öchsner, Thomas (2013): „Startup und Börse: Rösler will Neuen Markt zurück." In: sueddeutsche.de, 19. August 2013. Online im Internet: http://www.sueddeutsche.de/wirtschaft/boersensegment-fuer-start-ups-roesler-will-neuen-markt-zurueck-1.1749803 (Zugriff am: 20.08.2013).

Van Osnabrugge, Mark (1998): „Do Serial an Non-Serial Investors Behave Differently: An Empirical and Theoretical Analysis." In: Entrepreneurship Theory and Practice, 22 (1998), 4.

Paßmann, Torsten (2010): „Wie die Engel fliegen lernten - Business Angels in Deutschland - eine Spurensuche." In: Special: Business Angels Jahr 2010, (2010). Online im Internet: http://www.business-angels.de/DWD/_111327/upload/media_6567.pdf.

Pfeil, Marcus (2013): „Crowdinvesting: Kompliziert wird es beim Blick in die Verträge." In: Die Zeit, 2013. Online im Internet: http://www.zeit.de/2013/17/geldanlage-crowdinvesting-start-up-unternehmen/seite-2 (Zugriff am: 16.08.2013).

Pichotta, Andreas (1990): Die Prüfung der Beteiligungswürdigkeit von innovativen Unternehmungen durch Venture Capital-Gesellschaften. Bergisch Gladbach: J. Eul (= Reihe Gründung, Innovation und Beratung).

Pischulti, Petra (1989): Existenzgründungsberatung als Bankdienstleistung. Berlin: E. Schmidt (= Grundlagen und Praxis des Bank- und Börsenwesens).

Pleschak, Franz et al. (2002): Gründung und Wachstum FuE-intensiver Unternehmen: Untersuchungen in Ostdeutschland. Heidelberg: Physica-Verlag.

Poeverlein, Lino (2013): Crowdinvesting auf dem Vormarsch: die Crowdinvesting-Konferenz. Gründerszene. Online im Internet: http://www.gruenderszene.de/allgemein/crowdinvesting-konferenz (Zugriff am: 15.08.2013).

Posner, Dirk (2012): Early stage-finanzierungen: spannungsfeld zwischen grndern, investoren und staatlichen... [S.l.]: Gabler.

Riedel, Alexander (2004): Finanzierungsalternativen für den Mittelstand - Eine Bestandsaufnahme (insbesondere: Beteiligungsfinanzierung, Leasing und Grundlagen der empirischen Wirtschafts- und Sozialforschung). GRIN Verlag.

Röhl, Klaus-Heiner (2010): Der deutsche Wagniskapitalmarkt: Ansätze zur Finanzierung von Gründern und Mittelstand. Köln: Inst. der Dt. Wirtschaft.

Rothenberger, Jan (2013): Unternehmen aus der Werkstatt: Der Trend zur Venture Production › startwerk.ch. Online im Internet: http://startwerk.ch/2013/03/07/unternehmen-aus-der-werkstatt-der-trend-zur-venture-production/ (Zugriff am: 08.08.2013).

Sandler, Guido (2013): Gründerszene Lexikon. Online im Internet: http://www.gruenderszene.de/lexikon/begriffe/crowdinvesting (Zugriff am: 15.08.2013).

Schefczyk, Michael (2004): Erfolgsstrategien deutscher Venture Capital-Gesellschaften: Analyse der Investitionsaktivitäten und des Beteiligungsmanagements von Venture Capital-Gesellschaften. 3., überarbeitete und erw. Aufl. Stuttgart: Schäffer-Poeschel (= Betriebswirtschaftliche Abhandlungen).

Schenk, Rainer (2012): Crowdinvesting - Die Weiterentwicklung des Crowdfunding zur modernen und unkonventionellen Finanzierungsform für kleine und mittelständische Unternehmen. GRIN Verlag.

Schmalholz, Claus (2001): Inkubatoren: Neue Finanzierungsmodelle - manager magazin. manager magazin. Online im Internet: http://www.manager-magazin.de/unternehmen/karriere/a-126354.html (Zugriff am: 23.08.2013).

Sidler, Sonja (1997): Risikokapital-Finanzierung von Jungunternehmen Bern; Stuttgart; Wien: Haupto. J.

Sohl, Jeffrey (2003): „The U.S. Angel and Venture Capital Market: Recent Trends and Developments." In: Journal of Private Equity, (2003), 6.

Stahlecker, Thomas; Lo, Vivien (2004): Gestaltungsmöglichkeiten von Gründerräumen und Inkubatoren an der Hochschule Fraunhofer Instituto. J.

Stahlmann, Marc (2013): Crowdinvesting als Finanzierungsalternative für deutsche Startups: Die Mehrwerte im Vergleich zu herkömmlichen Finanzierungsinstrumenten. Diplomica Verlag.

Steiner, Manfred (2012): Finanzwirtschaft der Unternehmung. München: Vahlen.

Steller, Patrick (2013): Kurz nachgehakt: Was fehlt der deutschen Startup-Szene? Online im Internet: http://www.gruenderszene.de/allgemein/was-fehlt-der-deutschen-startup-szene (Zugriff am: 29.08.2013).

Stiller, Gudrun (2013a): Finanzierung - Wirtschaftslexikon24. Wirtschaftslexikon. Online im Internet: http://www.wirtschaftslexikon24.com/d/finanzierung/finanzierung.htm (Zugriff am: 27.08.2013).

Stiller, Gudrun (2013b): Kreditfinanzierung - Wirtschaftslexikon24. Wirtschaftslexikon24. Online im Internet: http://www.wirtschaftslexikon24.com/d/kreditfinanzierung/kreditfinanzierung.htm (Zugriff am: 28.08.2013).

Stobbe, Rochus (2011): Private Equity - Chancen und Risiken. GRIN Verlag.

Thiele, Juergen (2005): Übernahme der Transformationsfunktion bei angenommener wachsender Bedeutung der Unternehmensfinanzierung durch Private Equity. GRIN Verlag.

Tönnesmann, Jens (2011): „Wirtschaftswoche - Gewächshäuser für Gründer." In: Wirtschaftswoche, (2011). Online im Internet: http://blog.wiwo.de/gruenderraum/2011/02/19/inkubatoren/#Begriff (Zugriff am: 07.08.2013).

Tschepe, Christoph (2008): Die Finanzierung mittelständischer Unternehmungen mittels Private Equity - Darstellung und kritische Analyse. GRIN Verlag.

Umlauf, Sven (2013): Crowdfunding & Crowdinvesting verstehen und sofort Investoren für Ihr Unternehmen gewinnen. epubli.

Unternehmerforum für den Mittelstand e.V. (2013): Welche Voraussetzungen sollten erfüllt sein? | startkapital-online.de. Online im Internet: http://www.startkapital-online.de/kapitalsuchende/welche-voraussetzungen-sollten-erf%C3%BCllt-sein.html (Zugriff am: 16.08.2013).

Vogelsang, Eva; Fink, Christian; Baumann, Matthias (2013): Existenzgründung und Businessplan: ein Leitfaden für erfolgreiche Start-ups. Berlin: Schmidt.

WAZ-Mediengruppe (2013): Rösler wünscht sich deutsches Apple. Online im Internet: http://www.derwesten.de/agenturmeldungen/roesler-wuenscht-sich-deutsches-apple-id7600625.html (Zugriff am: 28.08.2013).

Weitnauer, Wolfgang; Guth, Matthias (2001): Handbuch Venture Capital: Von der Innovation zum Börsengang. München: Beck.

Werner, Horst S (2006): Das Private Placement zur Kapitalbeschaffung. Köln: Bank-Verlag Medien GmbH.

Wiener Börse AG (2013): Wie läuft eine Finanzierung durch einen Incubator konkret ab? Online im Internet: http://www.unternehmensfinanzierung.at/startup/incubator/ablauf/ (Zugriff am: 08.08.2013).

Wötzel, Dana (2008): Mezzanine-Finanzierung als Möglichkeit der alternativen Finanzierungsform für mittelständische Unternehmen und deren Bilanzierung nach HGB und IAS/IFRS. GRIN Verlag.

Woytt, Thomas M (2009): Fremdfinanzierungsratgeber für kleine Unternehmen. Lohmar; Köln: Eul.

Zehbe, Astrid (2013): Crowdinvesting : Schwarmfinanzierung boomt: Die Chancen und Risiken 06.02.2013 | Nachricht | finanzen.net. finanzen.net. Online im Internet: http://www.finanzen.net/nachricht/private-finanzen/Crowdinvesting-8201-Schwarmfinanzierung-boomt-Die-Chancen-und-Risiken-2252622 (Zugriff am: 16.08.2013).

Zentrum für Europäische Wirtschaftsforschung (2003): Beteiligungskapitalmarkt für junge Technologieunternehmen. Mannheim. Online im Internet: http://ftp.zew.de/pub/zew-docs/tl02/SDI_14-03.pdf (Zugriff am: 15.07.2013).

Zentrum für Europäische Wirtschaftsforschung (2011): ZEW Pressemitteilung: ZEW-Studie: Anzahl der High-Tech-Gründungen in Deutschland geht wieder zurück. Online im Internet: http://www.zew.de/de/presse/1824/zew-studie-anzahl-der-high-tech-gruendungen-in-deutschland-geht-wieder-zurueck (Zugriff am: 17.08.2013).